스물여섯 단어로 배우는 **흥미진진한 공학 이야기**

키즈 유니버시티
KIDS UNIVERSITY

"ABCs OF ENGINEERING"

공학의 ABC

크리스 페리·사라 카이저 지음 | **정회성** 옮김

Amplifier
증폭기

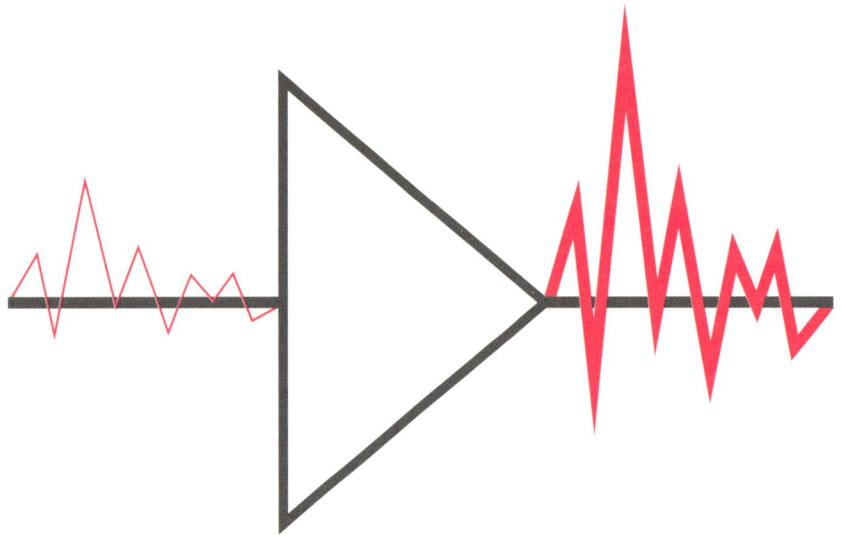

증폭기는 신호를 더 크게 만들어요.

증폭기에는 입력과 출력이 있어요. 전기 기타에 증폭기를 연결한다고 생각해 봐요. 전기 기타에서 소리 신호가 증폭기로 입력되면, 증폭기는 더 많은 힘을 가진 같은 신호를 출력해요. 전기 공학에서는 이렇게 힘이 증가하는 걸 '이득'이라고 해요. 전기 기타의 소리를 키우는 건 바로 이득을 높이는 거예요!

Battery
전지

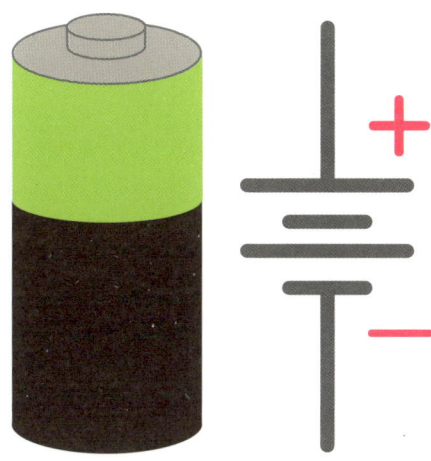

전지는 전기 회로에 전력을 보내 주어요.

전지는 에너지를 저장하고 있어요. 전지를 닫힌 회로에 연결하면, 전하를 움직이게 해 전류를 만들어 내지요! 전지의 모양은 서로 달라요. 하지만 전기 회로에서는 모두 같은 역할을 하기 때문에 회로도에서 똑같은 기호로 표시한답니다.

Carnot Engine
카르노 기관

카르노 기관은 열효율을 최대로 얻을 수 있는 가상의 기관이에요.

열 기관은 온도 차이를 이용해 에너지를 뜨거운 곳에서 차가운 곳으로 이동시켜 작동하는 기관이에요. 카르노 기관은 버리는 에너지 없이 최대 효율을 내는 기관을 말해요. 이 기관은 열과 에너지에 대해 연구하고 공부할 때 쓰는 가상의 기관이에요. 현실에 완벽한 효율을 갖는 기관은 있을 수 없거든요.

Dielectric
유전체

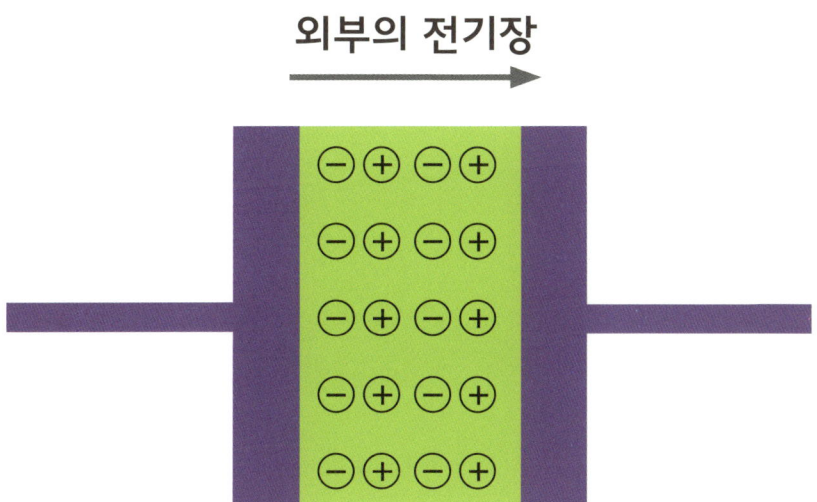

외부의 전기장

유전체는 전기가 통하지 않지만, 전기장 안에서 극성을 가지는 물질이에요.

모든 물질은 전하를 띠는 입자로 이루어져 있어요. 유전체는 그 안에 있는 전하가 전기장에 의해 늘어설 수 있기 때문에 특별해요. 위 그림은 화살표 방향의 전기장 때문에 녹색으로 표시된 유전체 안의 모든 전하가 정렬된 모습을 나타내요.

Electricity
전기

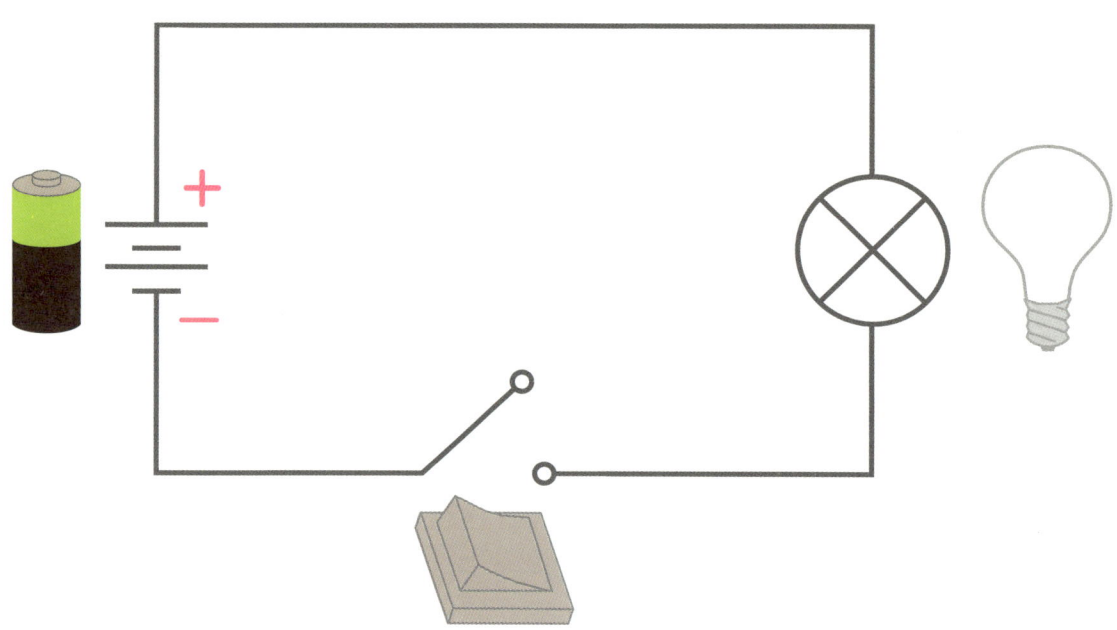

전기는 전하가 만들어 내는 현상들을 가리키는 말이에요.

전기는 에너지를 전달할 수 있는 편리한 수단이에요. 시간당 흐르는 전하의 양을 '전류'라고 하고, 전하가 얼마나 빨리 흐르는지를 나타낸 걸 '전압'이라고 해요. 또 전하의 흐름을 방해하는 것을 '저항'이라고 한답니다.

Force
힘

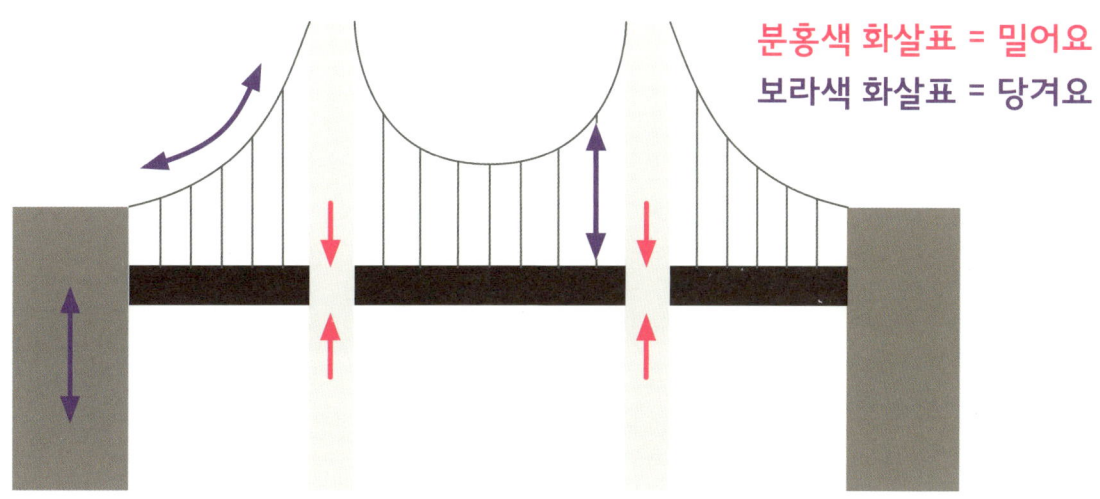

분홍색 화살표 = 밀어요
보라색 화살표 = 당겨요

힘은 밀거나 당기는 걸 말해요.

중력은 다리를 잡아당겨요. 하지만 다리가 무너지지 않는 건 다리를 양쪽으로 끌어당기는 케이블의 장력이 있기 때문이에요. 자연에는 네 가지 기본적인 힘이 있어요. 강한 핵력, 약한 핵력, 전자기력, 그리고 중력이에요. 이 기본적은 힘들이 마찰, 장력, 어긋남, 비틀림 같은 갖가지 힘을 만들어 낸답니다.

Gear
톱니바퀴

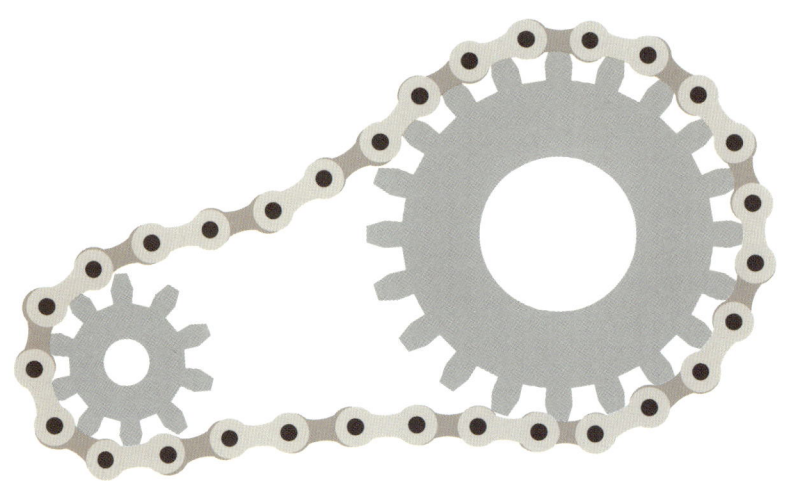

톱니바퀴는 힘을 전달하는 기계 부품이에요.

그림에서 바깥 가장자리에 있는 뾰족뾰족한 돌기가 바로 톱니예요. 한 톱니바퀴에서 다른 톱니바퀴로 힘을 전달하려면 두 톱니가 잘 맞물려야 해요. 톱니바퀴는 쓰임에 따라 모양과 크기가 다양해요. 자전거에는 빠르게 달릴 때와 언덕을 오를 때 등 각각의 상황에 필요한 크기가 다른 톱니바퀴가 여러 개 달려 있어요.

Hydraulics
유압기

유압기는 액체를 사용해 힘을 전달하는 장치예요.

그림에서 왼쪽의 좁은 용기에 담긴 액체에 힘을 주어 밀어 내리면, 오른쪽 용기에 있는 액체가 힘을 받아 위로 올라가요. 비록 왼쪽 용기의 액체를 더 많이 이동시켜야 하지만, 힘은 적게 들지요. 이게 바로 기계의 효용이에요!

Inductor
인덕터

인덕터는 자기장에 에너지를 저장하는 장치예요.

인덕터는 철 조각 같은 자기를 띤 물질에 철사나 구리를 감아서 만들어요. 인덕터는 전기 에너지를 자기장으로 바꿔 저장했다가, 다시 전기로 바꿔서 사용할 수 있어요. 두 개의 인덕터를 가까이 두면 서로 맞닿지 않고도 에너지를 전달할 수 있어요!

Jig
지그

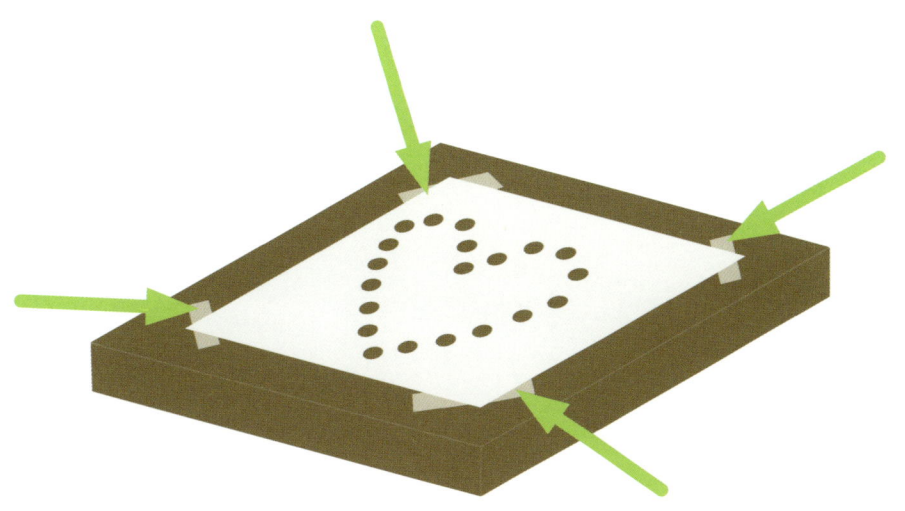

지그는 기계 부품의 위치를 고정하는 데 도움을 주는 도구예요.

지그는 특히 많은 부품이 들어가는 기계를 만들 때, 부품들을 알맞은 위치에 두고 움직이지 않게 할 때 필요해요. 테이프처럼 작은 것도 있고, 공작 기계 테이블처럼 큰 것도 있어요. 지그는 부품이 아주 뜨거워서 당분간 식혀야 하거나, 접착제를 발라 두어 말려야 할 때도 유용해요.

Keystone
이맛돌

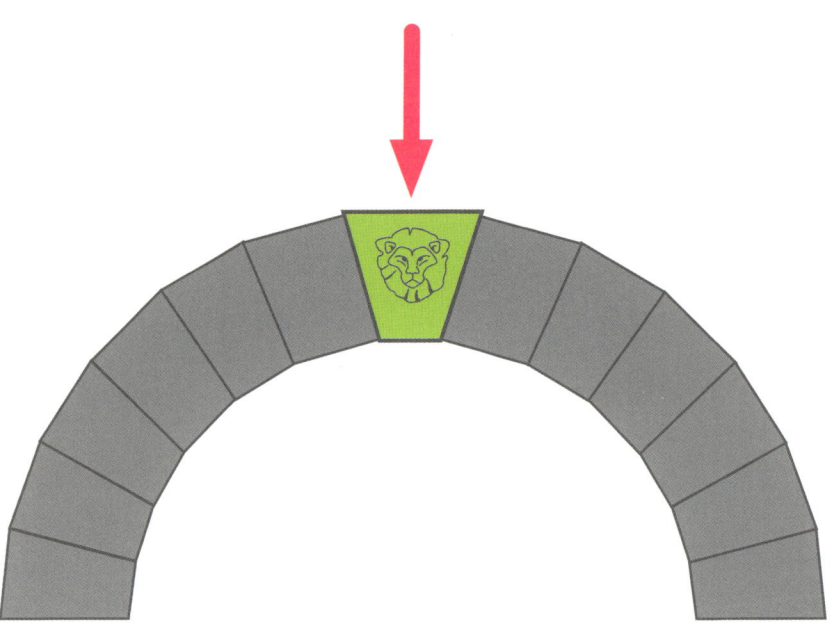

이맛돌은 아치형 석조 구조물의 맨 위에 끼워진 돌이에요.

이맛돌은 아치 모양의 구조물에서 가장 중요한 돌이에요. 아치 양쪽의 돌이 무너지는 걸 막기 때문이지요. 이맛돌은 미끄러져 빠지지 않도록 윗부분은 넓고 아랫부분은 좁은 사다리꼴 모양이에요. 아치 구조는 무거운 천장도 버틸 수 있어요.

Lever
지레

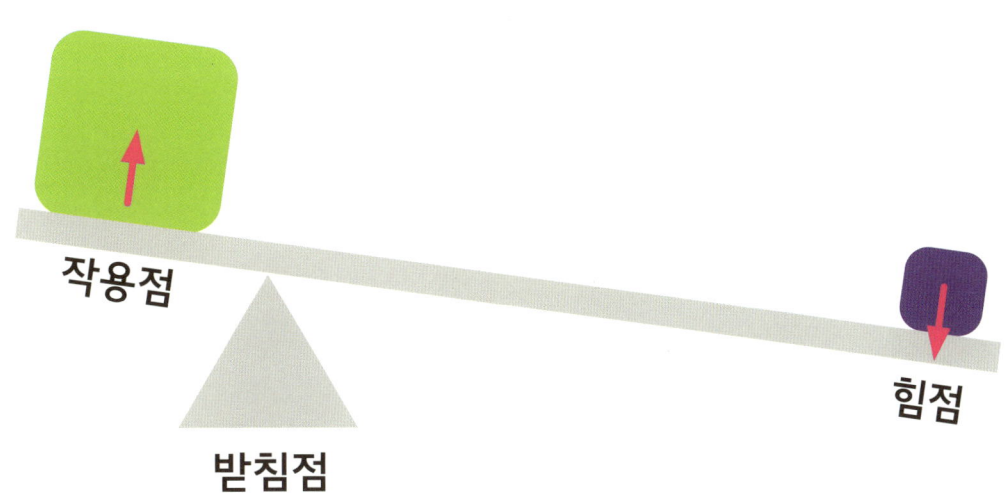

지레는 작은 힘으로 무거운 물체를 움직일 수 있게 하는 간단한 도구예요.

지레는 무거운 물체를 들어 올리는 데 쓰여요. 또 물체의 무게를 재는 도구로도 사용할 수 있답니다. 지레에는 힘을 가하는 지점인 '힘점', 막대를 받치는 지점인 '받침점', 힘이 물체에 작용하는 지점인 '작용점'이 있어요. 이것을 지레의 3요소라고 해요.

Multimeter
멀티미터

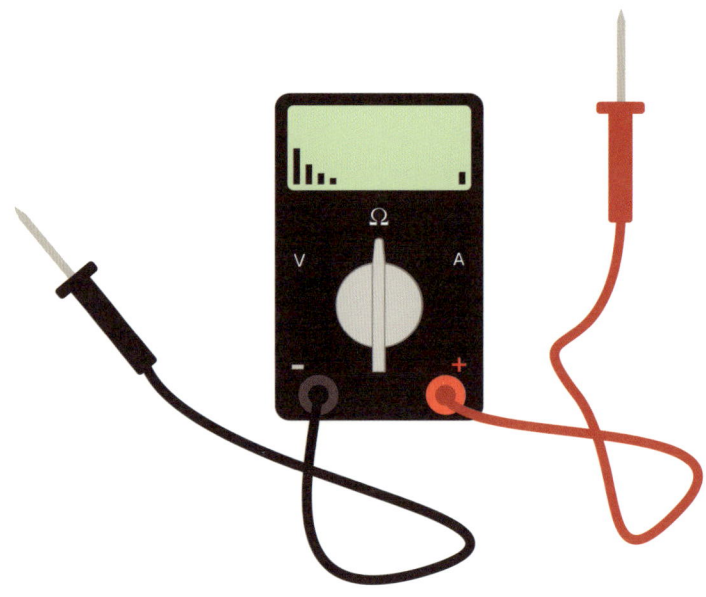

멀티미터는 전기 회로에서 여러 값을 측정할 때 쓰는 도구예요.

멀티미터로는 전압, 전류, 저항 등을 측정할 수 있어요. 기술자들은 바늘처럼 뾰족한 멀티미터의 탐침을 전기 회로에 연결하고, 회로의 여러 부분을 조절하며 변화를 살펴요. 멀티미터는 회로에 이상이 없는지를 살피는 데 도움을 주지요.

Nanotube
나노 튜브

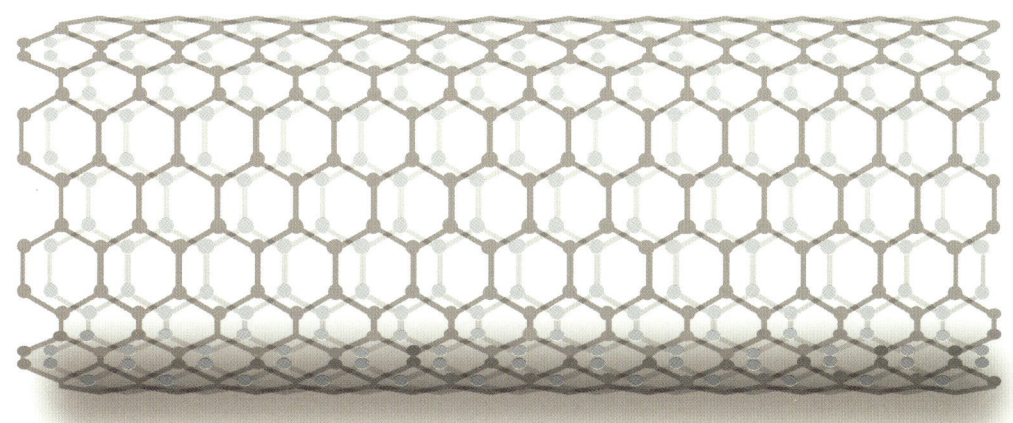

탄소 나노 튜브는 탄소 원자로 만들어진 가볍고 튼튼한 물질이에요.

탄소 나노 튜브는 탄소 원자 두께만큼 얇은 벽을 가진 튜브 모양이에요. 아주 가볍지만 우리가 알고 있는 어떤 물질보다도 잡아당기는 힘을 잘 버텨서 매우 유용해요. 또 아주 진한 검은색 페인트를 만드는 데도 쓰일 수 있어요.

Ohm
옴

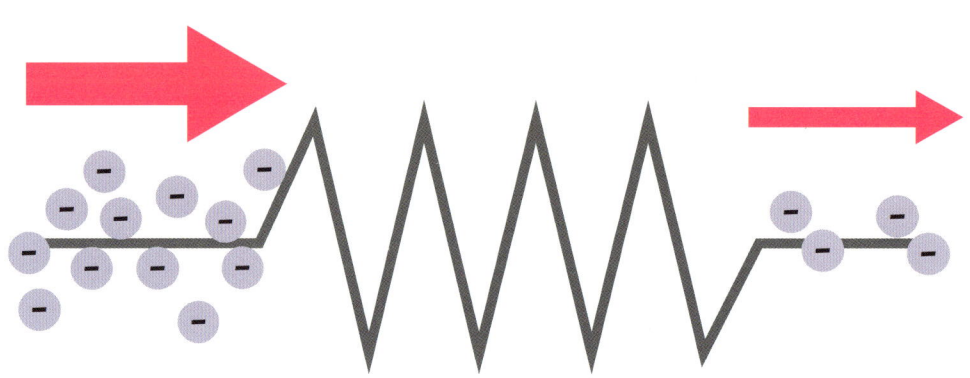

옴은 전기 저항을 측정하는 표준 단위예요.

저항은 전류의 흐름을 느리게 하거나 조절해요. 저항은 각종 음향 기기의 소리를 조절하고, 다리미의 온도를 조절하고, 선풍기의 회전 속도를 조절하는 등 우리 주위의 가전제품에 아주 많이 쓰이고 있어요. 1옴은 1Ω으로 표시해요. 멀티미터를 사용하면 저항을 측정할 수 있어요.

Pipette
피펫

피펫은 실험실에서 액체의 부피를 측정하는 데 쓰는 도구예요.

피펫은 일정한 부피의 액체를 정확히 옮기는 데 쓰이는 유리관이에요. 생명 공학자와 화학 공학자가 실험하면서 적은 양의 액체를 옮길 때 자주 사용하지요. 피펫은 유리관 안을 진공 상태로 만들어서 액체를 빨아들여요. 물 한 방울의 100분의 1만큼 적은 양도 잴 수 있답니다!

QR Code
큐알 코드

큐알 코드는 2차원 바코드예요.

큐알은 '빠른 응답(Quick Response)'을 뜻해요. 큐알 코드를 이용하면 기술자가 무언가를 만들거나 설계하거나 시험할 때 정보를 쉽고 빠르게 전달할 수 있어요. 큐알 코드에는 더러워지거나 일부가 지워져도 이를 복원할 수 있는 기능이 있답니다!

Requirements
요구 사항

공학의 ABC 책 개발 프로젝트

독자 대상: 모든 어린이 | **프로젝트 팀**: 사라와 크리스

요구 사항

- ☐ 이 책에는 A부터 Z까지 모든 알파벳이 들어가야 한다.
- ☐ 이 책에는 공학에 관한 여러 분야가 골고루 들어가야 한다.
- ☐ 이 책은 아주 멋져야 한다!

공학 프로젝트가 잘 진행되기 위해서는 요구 사항이 꼭 필요해요.

요구 사항은 프로젝트나 시스템을 개발할 때 쓰여요. 함께 일하는 사람에게 일의 진행 방향을 알리고 협력을 구하거나 이런저런 제안을 하는 도구지요. 이를 잘 활용하면 여러 명이 함께 일하는 프로젝트에서 각각 맡은 일이 얼마나 진행되었는지를 정확히 알 수 있어요.

Screw
나사

나사는 물체를 고정하는 데 사용하는 간단한 부품이에요.

나사를 돌리면 회전 운동이 직선 운동으로 바뀌어요. 나사의 옆면을 따라 나선형으로 홈이 파여 있어서 물체를 고정시키지요. 나사는 철이나 황동 또는 플라스틱으로 만들 수 있어요.

Tolerance
허용 오차

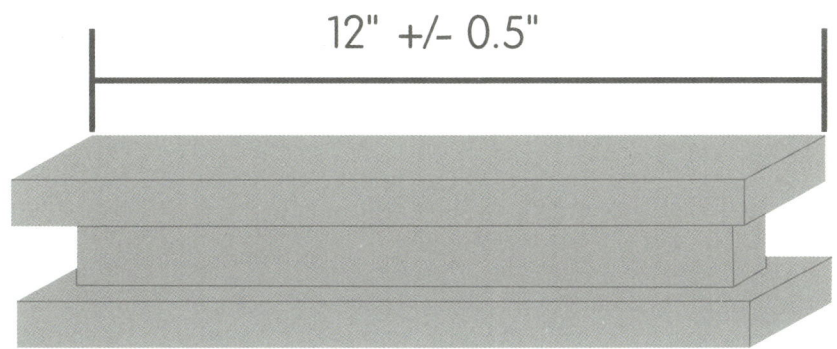

허용 오차는 만들어진 부품이 목표한 수치와 얼마나 차이 나는지를 나타내요.

부품을 완벽하게 만드는 건 불가능해요. 아무리 정밀하게 자르거나 깎아도 처음 목표로 둔 수치에 딱 들어맞지는 않아요. 허용 오차는 목표한 수치와 실제 만들어진 부품의 수치 차이를 말해요. 건물을 지을 때 강철 기둥이 너무 길면 균형이 맞지 않을 수 있고, 너무 짧으면 건물이 무너질 수 있어요. 그렇기 때문에 건물을 지을 때는 허용 오차 안에 있는 부품을 사용해야 해요.

Unit
단위

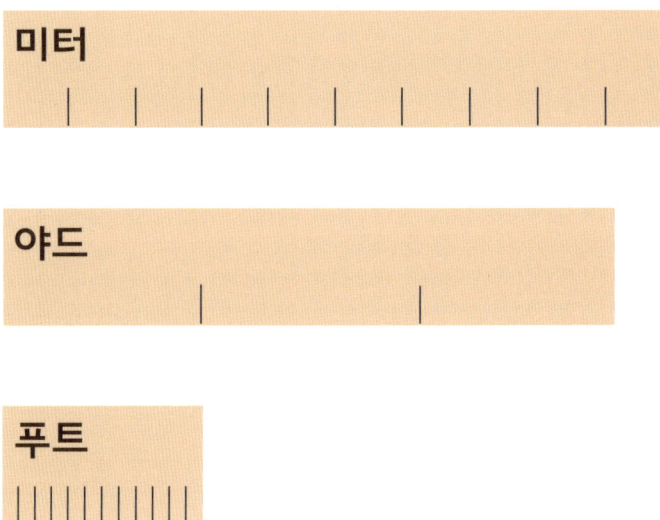

단위는 길이나 시간 등의 수량을 표시할 때 기초가 되는 기준이에요.

길이와 시간뿐만 아니라 무게, 부피, 온도도 단위로 표시해요. 우리나라에서는 길이의 단위로 미터를 써요. 그래서 킬로미터(km), 미터(m), 센티미터(cm) 등으로 나타내지요. 하지만 미국 같은 나라에서는 길이 단위로 야드(yard), 푸트(foot) 등을 사용해요. 온도의 단위도 우리나라에서는 섭씨(℃)를 쓰지만, 미국에서는 화씨(°F)를 쓴답니다.

Viscosity
점도

점도는 유체가 얼마나 끈적이는지를 나타내요.

유체는 '흐르는 물체'라는 뜻이에요. 액체와 기체가 여기 포함돼요. 우리 주변에서 찾을 수 있는 점도가 높은 유체로는 꿀, 접착제, 메이플시럽 등이 있어요. 반대로 물과 우유는 점도가 낮은 유체예요. 실험실에서는 점도가 전혀 없어서 스스로 벽을 타고 올라가는 유체도 만들어 낼 수 있어요. 이를 초점도 유체라고 한답니다.

Wrench
렌치

렌치는 너트와 볼트를 돌릴 때 쓰는 공구예요.

너트와 볼트는 두 개 이상의 부품을 결합하거나 고정하는 데 사용해요. 렌치는 너트와 볼트를 풀거나 조일 때 우리에게 기계적 이점을 줘요. 렌치를 쓰면 손으로 너트나 볼트를 돌리는 것보다 훨씬 쉽다는 뜻이에요. 렌치를 오른쪽으로 돌리면 너트나 볼트가 조여지고 왼쪽으로 돌리면 느슨해지니, 기억해 두세요!

Xenon
제논

제논은 카메라 플래시에 사용되는 화학 물질이에요.

제논은 다른 화학 물질과 쉽게 반응하지 않는 '비활성 기체'예요. 화학 공학자들은 제논으로 카메라 플래시를 비롯해 전구, 표시등, 마취제 같은 여러 유용한 것들을 만들어요. 제논은 아주 적은 양이지만 우리가 숨 쉬는 공기 속에도 들어 있답니다.

Yield
항복

항복은 어떤 물체가 원래 모습으로 돌아가지 못할 만큼 변형된 현상을 말해요.

물체에 힘을 주면 물체 내부에서 그에 맞서는 힘이 생겨요. 이를 '응력'이라고 해요. 그래서 물체에 힘을 주면 모양이 변하다가, 그 힘을 제거하면 응력에 의해 다시 원래 모습으로 돌아가는 거예요. 그런데 만약 막대기를 너무 많이 구부리면, 막대기가 심하게 변형되어 원래 모습으로 돌아가지 못해요. 이를 '항복'이라고 해요. 계속 힘을 주면 막대기는 부러지고 말지요!

Zoning
조닝

조닝은 정부, 도시 계획가, 토목 기술자들이 도시를 어떻게 성장시킬지 계획하는 데 도움을 줘요.

조닝은 도시의 주민들이 모두 행복하게 생활할 수 있도록 공간을 주거 지역, 상업 지역, 공업 지역, 녹지 지역 등으로 나누어 배치하는 일이에요. 도시에 사는 주민이 늘어나면 이렇게 정해진 구역은 바뀔 수 있어요.

공학의 ABC

초판 1쇄 발행 2023년 11월 23일

지은이 크리스 페리·사라 카이저 **옮긴이** 정회성

펴낸이 김현태 **펴낸곳** 책세상어린이 **등록** 2021년 1월 22일 제2021-000032호

주소 서울시 마포구 잔다리로 62-1, 3층(04031) **전화** 02-704-1251 **팩스** 02-719-1258

이메일 editor@chaeksesang.com **광고·제휴 문의** creator@chaeksesang.com

홈페이지 chaeksesang.com **페이스북** /chaeksesang **트위터** @chaeksesang

인스타그램 @chaeksesang **네이버포스트** bkworldpub

ISBN 979-11-5931-993-8 74080
ISBN 979-11-5931-969-3 (세트)

잘못되거나 파손된 책은 구입하신 서점에서 교환해 드립니다.
책값은 뒤표지에 있습니다.
책세상어린이는 도서출판 책세상의 아동·청소년 브랜드입니다.
전 연령의 어린이에게 적합한 도서입니다. Printed in Korea

All rights reserved
including the right of reproduction in whole or in part in any form.
This edition published by arrangement with Sourcebooks, LLC.
This Korean translation published by arrangement with
Chris Ferrie in care of Sourcebooks, LLC through Alex Lee Agency ALA.

이 책의 한국어판 저작권은 알렉스리에이전시 ALA를 통해 Sourcebooks, LLC사와 독점 계약한 책세상에 있습니다.
저작권법에 의해 한국 내에서 보호를 받는 저작물이므로 무단 전재와 복제를 금합니다.